Lorena A.L.

Les Aventures de Charlie

Une vie de chiot !

La vie d'un Cavalier King Charles raconté aux enfants

ISBN : 978-1-915104-74-8

À mon neveu et à tous les enfants fans de chiens.

Ce livre est offert avec tendresse

Par : ______________________

À : ______________________

Je suis si heureux que vous lisiez mon histoire et que vous m'accompagniez dans mon nouveau foyer.

L'amour que me porte ma maîtresse lui a donné envie d'écrire notre histoire dans ce magnifique livre illustré.

En avant pour de nouvelles aventures !

Pour mon premier jour, je me suis senti triste
et un peu malade
Ma mère et mes frères avaient disparu
Mais heureusement que ma nouvelle
maîtresse était là
Grâce à elle, j'ai ressenti que j'avais une
nouvelle famille.

J’ai tout de suite compris combien elle m’aimait
Je me suis alors jeté dans ses bras pour m’assoupir
Ses caresses délicates ont été d’un grand réconfort
Je savais désormais qu’avec elle, je n’avais plus rien à craindre.

Elle me dit que je suis le plus mignon des chiots
Même si je m'allonge toujours comme une grenouille
Quand je suis heureux, je saute comme un petit poney
Et bien sûr, elle rit aux éclats !

Elle me nourrit et me gâte de friandises
Mais elle ne veut pas que je déchiquette mon livre
« Enfin, maman, c'est normal de faire des bêtises,
Je suis un chien, pas un chaton ! »

Je dois bien avouer que de tous mes
jouets
(Qui font des bruits bizarres)
Ma préférence va à une chaussure,
voire deux
Finalement, je m’amuse beaucoup à tout
mordiller !

Tout ça, c'est pour moi, c'est génial, non ?
On est tellement heureux tous les deux
Mon poil est si soyeux et si doux
Qu'il a besoin de beaucoup d'attention !

J'aime bien jouer avec les affaires de ma maîtresse
Et mordiller ses doigts et ses pieds
Moi aussi, je fais des bêtises, tu sais ?
Mais j'arrête aussitôt que j'entends
« Charlie, stop ! »

J’adore explorer les placards
Ils sont remplis d’objets nouveaux et étranges !
Je me positionne en embuscade, et dès qu’elle ouvre la porte
Je saute aussitôt dans le placard pour trouver quelque chose à mordre.

Elle m'a installé un tapis où faire mes besoins
Mais j'oublie à chaque fois et je fais partout ailleurs
Alors, je n'ai plus qu'à implorer son pardon,
« Mais c'est juste un caca, pas une malédiction ! »

Ce dont je suis le plus fier
C'est que j'arrive désormais à grimper tout seul sur le canapé !
Ils disent que quand je fais ça, je ressemble à un lapin
Toi aussi, tu me trouves drôle ?

Je joue aussi avec ma maîtresse : debout !
assis ! roule !
Et qu'est-ce que j'aime jouer au ballon !
Mais ce que je préfère par-dessus tout c'est
dormir sur ses genoux
Pour une sieste bien méritée… et ronfler
pendant des heures !

Je me souviens la première fois qu'elle m'a emmené au parc
Bizarrement, j'étais un peu timide
Mais maintenant, je suis si impatient d'y aller
Je croise des copains et on s'amuse bien.

Les enfants disent que je ressemble à Lady de « La Belle et le Clochard »
Alors, on leur précise que je suis un mâle
C'est vrai qu'elle et moi, on vit un vrai conte de fées
Nous sommes « Le Gentleman et la Clocharde ! »

COFFEE

J’adore quand arrive Noël
Je dors si bien sous le beau sapin
Toute la famille est réunie autour de moi
Pour partager des moments de fête et de joie.

Aujourd'hui, j'ai grandi, j'ai le poil brillant et
je suis un peu plus sage
Et je peux te dire que je suis le plus
heureux des chiens
Il devrait en être de même pour tous les
animaux de compagnie
Être aimé, avec attention et respect.

Voilà, c'est fini, j'espère que tu as aimé mon histoire !

Tes impressions sur mes aventures de chiot peuvent m'être très précieuses.

N'hésite pas à m'envoyer ton avis :

charliethecavalier.love@gmail.com

Retrouvez-moi sur Instagram

www.ingramcontent.com/pod-product-compliance
Lightning Source LLC
LaVergne TN
LVHW071724230826
846093LV00024B/531

* 9 7 8 1 9 1 5 1 0 4 7 4 8 *